Introducción

Nos complace presentar este pequeño librito que pretende acompañar la oración y la reflexión de quienes desean realizar la práctica piadosa de los nueve primeros viernes del mes. Como todos saben, el Sagrado Corazón prometió a aquellos que durante nueve primeros viernes del mes consecutivos se acercaran a recibir la Eucaristía, la gracia de la perseverancia final: «Ellos no morirán en desgracia, sino que recibirán los santos sacramentos, si es necesario, y mi Sagrado Corazón será su refugio en ese extremo momento». Hemos considerado oportuno presentar en cada etapa un don particular del Corazón de Cristo: no porque existan solo nueve, claro está, es más esperamos que la piedad de cada uno de los fieles sepa reconocer muchos otros, dados a todos nosotros, pero también dados a él personalmente. De hecho, el amor de Jesús se derrama tanto sobre su comunidad como sobre cada uno individualmente: no se divide, sino que se multiplica, y estamos convencidos de que nunca se terminará de conocer la longitud, altura, amplitud y profundidad del misterio de nuestra redención, oculto en Cristo y revelado a nosotros por el Espíritu Santo que escudriña todas las cosas, incluso las profundidades de Dios.

Estas breves meditaciones pueden usarse como punto de partida de la propia reflexión personal en cada uno de los primeros viernes, y quizá también, para un camino más profundo, a lo largo del mismo mes. Estos «nueve viernes», que en su ritmo nos presentan casi el tiempo de un nuevo nacimiento, pueden ser un tiempo fuerte para acercarnos a esta devoción de un modo maduro y adulto: no como una aseguración para la vida eterna, sino como un camino de escucha y conversión, de contemplación y consolación, de sanación y renovación. El lector podrá, por ejemplo, detenerse de modo particular en los versículos de la Escritura citados, y retomarlos por cuenta propia: recordando siempre, con la escuela de san Ignacio, que no es mucho saber lo que sacia y llena el alma, sino sentir y disfrutar íntimamente. No se trata de leer mucho, sino de disfrutar intensamente las cosas de Dios. Para regresar a la propia vida, a la propia familia, al propio trabajo, a los propios encuentros, con espíritu renovado. En este sentido, hay que entender bien lo que se expresa cuando se habla de la espiritualidad del Corazón de Jesús como una espiritualidad de «reparación»: de hecho no somos nosotros quienes lo «reparamos» a él, dándole una especie de aliciente por los pecados cometidos, como si nosotros fuéramos los «buenos» y los demás los «malos». Más bien, es él quien «repara», o sea, sana y renueva nuestros corazones, es decir, saliendo del término bíblico y simbólico, nuestra memoria, nuestro intelecto y nuestra voluntad, nuestra personalidad más profunda. Y así dice el profeta que de sus llagas hemos sido curados. Los «nueve viernes» son precisamente un camino de sanación y transformación que el Señor resucitado realiza en nosotros, en el poder del Espíritu Santo, para que el Padre sea glorificado en nosotros mismos. Por otra parte, queda claro que nada impide que las nueve meditaciones que aquí se presentan para los nueve viernes del mes también puedan usarse como una especie de novena, en nueve días consecutivos, quizá seguidos de las Letanías del Sagrado Corazón, de acuerdo a lo que cada quien considere más útil.

En fin, para saber si en realidad somos o no verdaderos devotos del Corazón de Jesús, o en general si rezamos «bien» o no, solo existe un sistema: ver los frutos. Somos los más apasionados del Corazón de Cristo, y la oración es la más auténtica, cuando somos como él, mansos y humildes de corazón. Jesús habría podido pedirnos que lo imitáramos desde cualquier punto de vista: habría podido decirnos que aprendiéramos de él, que es sabio, que se ofreció por sus enemigos, que es casto, que es obediente hasta la muerte, que es pobre.

Pero quiso decirnos que aprendiéramos de él que es manso y humilde, como si toda su inmensa grandeza descansara y se condensara en esto. «Se humilló a sí mismo»: el himno a los filipenses encierra y resume así toda la vida de Jesús, todas las infinitas riquezas de su Persona. Quizá por esto el Corazón de Jesús tiene tan pocos verdaderos devotos. Muchos quieren las riquezas que se encierran en el Corazón de Cristo, pero pocos quieren el camino que él trazó, pero la perfección consiste precisamente, dicho con las palabras de san Ignacio, en elegir y desear para mí aquello que él eligió y deseó para sí mismo.

Además creemos poder ayudar a los fieles presentando al final del librito, casi como un apéndice, la oración que es conocida como la Hora Santa: de hecho puede ser un modo de enriquecer nuestra oración, y vivir con mayor intensidad los «primeros viernes». Por último, también queremos presentar dos modos de rezar: un «ritmo», o sea una serie de invocaciones rítmicas casi al compás de la respiración, según el «tercer modo» de rezar propuesto por san Ignacio, que puede ser usado fácilmente como forma de agradecimiento a la Eucaristía, y una doble serie de Letanías al Sagrado Corazón que pueden acompañar a las más tradicionales compuestas por León XIII en 1899. En realidad, hemos observado cómo se han multiplicado las Letanías a la Santísima Virgen, aparte de las clásicas o «lauretanas», pero no hemos encontrado nada parecido en honor al Corazón de Jesús: la letanía, con su movimiento quieto y profundo al mismo tiempo, tan parecido al «segundo modo de rezar» de san Ignacio, puede ser un estilo a redescubrir para una oración sencilla y personal a la vez, permitiéndole al devoto agregar o variar las invocaciones según sea movido por el Espíritu.

En nuestro Señor y el de todos, queremos así esperar que lo que presentamos pueda contribuir a dar a conocer y amar al Sagrado Corazón, según la misión que él mismo confió a la Compañía de Jesús, para mayor gloria suya.

OTTAVIO DE BERTOLIS, SJ

El primer don del Sagrado Corazón

En este viernes primero, con el cual iniciamos nuestra *sequela Christi,* queremos considerar el primer don que él nos da: el perdón de nuestros pecados.

«Perdón» significa precisamente el híper-don, el más grande de todos, el que nos abre el camino hacia él: todos los dones que recibimos son consecuencia y desarrollo de este primer gran regalo. El perdón no solo significa que él olvida nuestros pecados: no es solamente como una especie de cancelación de nuestras deudas para dejarlas en positivo, por así decir, o una remisión del mal que hemos cometido, sino que es al mismo tiempo una verdadera y propia nueva creación, una infusión en nosotros de la vida nueva que es la gracia del Espíritu Santo, el inicio de un nuevo y mejor modo de vivir, libre de las cadenas de la ingratitud y del rencor, del aburrimiento o del desprecio a nosotros mismos, a los demás o, incluso, a Dios.

El salmo aclama así: «Él te perdona todas tus maldades, y te cura de todos tus males. Él te libera de la fosa y te corona de amor y de piedad. Él colma tu vejez de bienes, y te rejuvenece como al águila» (Sal 103,3-5). La acción generosa y fiel de Dios Padre se revela en Jesucristo: es él quien la cumple, y en él se revela el Padre. Es así que el perdón es el inicio de una vida nueva: en este mes podemos recordar cuando venimos a la fe y Jesús nos dio la gracia de acercarnos a él: pero en realidad fue él quien se acercó a nosotros, porque es cierto lo que escribió san Juan: «El amor está en esto: no en que nosotros hayamos amado a Dios, sino en que Él nos amó y envió a su Hijo como víctima de propiciación por nuestros pecados» (1Jn 4,10). Podemos recordar las conversiones que hemos tenido, las veces que hemos entendido o experimentado algo que nos ha hecho disfrutar aún más la belleza y la profundidad del Evangelio. Porque no nos convertimos de una sola vez, sino que toda nuestra vida conoce muchas nuevas gracias de conversión: y así experimentamos que el pecado, esa distancia que el hombre pone entre él y Dios, nunca es la última palabra. El amor de Dios que se reveló en Jesús es como un mar en el cual, cuanto más nos adentramos, más descubrimos.

También, escuchando las palabras del evangelio de la Misa, cotidiana o festiva, podemos preguntarnos: «¿en qué modo esta página me habla del perdón de Jesús?». Y veremos que en todo lo que él dice o hace siempre está presente esta fidelidad de Dios, que nunca se deja vencer por nuestra dureza. O bien, sobre todo si no podemos ir con frecuencia a Misa, ni tenemos la posibilidad de leer el evangelio por nuestra cuenta, simplemente podemos recordar, repitiéndola muchas veces durante el día, la estupenda expresión de san Pablo: «Me amó y se entregó por mí» (Gál 2,20), que resume plenamente el misterio de amor del Corazón de Cristo por nosotros. Y, perdonados, aprendemos a perdonar: ya que hemos sido aceptados así como somos, aprendemos a aceptar a los demás como son: de hecho «nosotros amamos a Dios, porque Él nos amó primero» (1Jn 4,19). Un buen ejercicio espiritual, muy fácil y muy fructuoso, podría ser decirle a quien nos ha hecho daño, frente a Dios en el interior del propio corazón, la misma frase que escuchamos decir al sacerdote: «Yo te absuelvo». El Corazón de Jesús nos dona no solo su perdón, sino el poder perdonar, que es todavía más.

Segundo viernes

El segundo don del Sagrado Corazón

En este segundo primer viernes de mes queremos contemplar el segundo don que nos da el Corazón de Jesús: su Palabra. Ciertamente podemos decir que la Santa Escritura, tanto el Antiguo como el Nuevo Testamento, nos habla de Jesús: en efecto el Antiguo Testamento encuentra su realización en Jesús, y el Nuevo se refiere claramente a él. Así lo dice el mismo Jesús a sus discípulos: «Estas son las palabras que yo os decía cuando todavía estaba con vosotros: que debían cumplirse todas aquellas cosas que están escritas de mí en la Ley de Moisés, en los Profetas y en los Salmos» (Lc 24,44). Un buen ejercicio espiritual que podemos hacer en este segundo viernes, así como durante todo el mes que iniciamos, podría ser ver cómo y en qué sentido la Escritura que es proclamada en la liturgia, la Misa o el Oficio divino, así como también la Escritura que leemos durante nuestra meditación cotidiana, nos habla de Jesús, es decir, cómo nos lo muestra, qué nos dice de él. Pues podemos decir que todo aquello que Jesús dijo o hizo nos muestra su Corazón, precisamente como nosotros conocemos el corazón de una persona por medio de todo lo que dice o hace. Así, cada página del evangelio nos introduce en el conocimiento del misterio de Jesús, es decir, nos muestra su Corazón: en este sentido, podremos decir que la palabra de Dios, que proclamamos, escuchamos y leemos, es como la vestimenta de Jesús. En lo que aparece, precisamente como la vestidura, ya sea de sus palabras, de sus acciones, además de su mismo cuerpo santísimo, sus gestos, sus rasgos, su modo de acoger a las personas, de responder, de hablar, se nos muestra lo que está oculto o invisible a los ojos, precisamente su Corazón, la profundidad de su divina Persona.

San Jerónimo decía que la ignorancia de las Escrituras es la ignorancia de Cristo: podremos desarrollar este concepto observando que no podemos ser verdaderos devotos del Sagrado Corazón, si, como María, todos los días no escuchamos y custodiamos la palabra de Dios en nuestro corazón y con ella iluminamos nuestras vidas, nuestras elecciones, nuestro modo de comportarnos. Por tanto,

María nos enseña lo que significa entrar a la escuela del Sagrado Corazón, verdadero manantial de sabiduría: reservar en cada día espacios y tiempos para el silencio, la lectura, la escucha de aquel que mediante las Escrituras habla en nuestro corazón y a nuestro corazón, como lo hace un amigo con un amigo.

En efecto las Escrituras no son solo lo escrito, que encontramos en las páginas de la Biblia que leemos, sino que también es lo que el Espíritu Santo escribe en nuestros corazones, es decir, las mociones interiores, los pensamientos, los deseos y los propósitos que se forman en nosotros cuando leemos dócilmente la palabra de Dios y nos preguntamos: «¿Qué significa para mí?». Que este sea el compromiso de este día y de este mes que iniciamos bajo la señal del amor de Dios, el Corazón de Cristo.

Tercer viernes

El tercer don del Sagrado Corazón

En esta tercera etapa de nuestro camino queremos considerar el tercer don que el Señor nos da: su morada en nosotros. Jesús efectivamente no solo está junto a nosotros, cerca de nosotros como un amigo, sino que también habita en nosotros: es más, podemos decir que el sentido y el objetivo de la vida espiritual consiste en entrar plenamente en esa dimensión que san Pablo bosqueja cuando afirma «ya no vivo yo; es Cristo el que vive en mí» (Gál 2,20). Observa eficazmente, en el mismo lugar, que este es el resultado del hecho de que «esta vida que vivo en la carne» –es decir, en la experiencia cotidiana de la debilidad, que se manifiesta de muchas maneras y que caracteriza nuestra existencia, y que durará mientras vivamos, o sea mientras estamos en la carne– «la vivo en la fe del hijo de Dios que me ha amado y se entregó por mí». Esta es la expresión más penetrante con la cual el Apóstol nos muestra el sentido de aquella, que muchos siglos después, ha sido llamada la «devoción al Sagrado Corazón»: vivir reflexionando continuamente en nuestra experiencia humana el misterio inescrutable de aquel que me «ha amado hasta el fin» (Jn 13,1), hasta el fondo de mi pecado y de mi ambigüedad, pero también hasta el ápice de mis potencialidades y de mis talentos.

Su morada en nosotros es por tanto el hecho de que, en la gracia del Espíritu Santo, Jesús nos comunica su mismo conocimiento del Padre, su misma escucha de su Palabra, su misma obediencia, su misma confianza, su mismo amor. En otros términos, así como el fuego se comunica con el hierro que está inmerso en él, de modo que el hierro se vuelve incandescente sin dejar de ser lo que era, pero uniendo su naturaleza a la del fuego, así la vida cristiana es una progresiva unión o comunión, es decir, «común unión» de Jesús con el alma fiel. En efecto, esto es a lo que se refiere cuando dice que permanezcamos en él como los sarmientos en la vid (cf Jn 15): la linfa de la vida irriga y vivifica los mismos sarmientos. Y este es el sentido de la así llamada «oferta cotidiana de la jornada» al Sagrado Corazón, que todos hacemos cada día: ofrecemos las oraciones, las acciones, las alegrías y los sufrimientos como si ofreciéramos la misma cantidad de vasos que le pedimos que nos llene. De tal modo, pedimos, con nuestra oferta, que ya no somos nosotros quienes oramos, actuamos, nos alegramos o sufrimos, sino que es él en nosotros, para que todo brote de él y en él termine con el Padre.

El cuarto don del Sagrado Corazón

En este cuarto encuentro con el Sagrado Corazón de Jesús queremos considerar su cuarto don: los pobres.

Es curioso observar que él dice que «siempre tendréis pobres con vosotros» (Jn 12,8) y que «yo estaré todos los días con vosotros hasta el fin del mundo» (Mt 28,20): con estas expresiones no pretende justificar la injusticia que hay en el mundo, de la cual cada uno según su papel responderá frente a él en el juicio final, sino más bien quiere decir que todos los días podremos hacer algo por él porque él está en cada hombre necesitado: «lo que habéis hecho a uno de estos hermanos míos insignificantes, a mí mismo me lo habéis hecho» (Mt 25,40). No es una exageración decir que los pobres son como un sacramento: de hecho sabemos que los sacramentos son señal de su presencia. Así estamos seguros de que cada vez que tengamos compasión de los pobres, recibiremos de Dios compasión por nuestra pobreza: por eso, «bienaventurados los misericordiosos, porque obtendrán misericordia» (Mt 5,7).

La pobreza de la cual el Señor mismo nos invita a tener compasión no es solo la pobreza de dinero.

Ciertamente es verdad que «si uno tiene recursos temporales, y viendo necesitado a su hermano le cierra el corazón, ¿cómo puede habitar en él el amor de Dios?» (1Jn 3,17), pero muchas pobrezas no son económicas, sino simplemente humanas. Existe quien tiene necesidad de ser escuchado: escuchar (incluso si no se sabe qué responder) puede consolar a un afligido, así como es importante saber donar el propio tiempo (que además no es nuestro, y que siempre tenemos poco) o la propia capacidad de amar. Además, existe una pobreza que puede saciarse con nuestro testimonio cristiano, discretamente y más con hechos que con palabras: es la pobreza de aquellos que viven lejos de Dios, y que necesitan, en el tiempo oportuno, de una palabra explicita de Jesús, ya que por mucho tiempo nadie más les ha hablado de él. Saber reavivar la confianza en Dios, en su fidelidad, en su perdón, a quienes ya no la esperan o ya no la creen posible, es una obra preciosísima de misericordia. El Sagrado Corazón prometió a santa Margarita María: los pecadores encontrarán en mi Corazón el manantial y el océano infinito de la misericordia. De hecho, él dijo: «al que a mí venga no lo echaré fuera» (Jn 6, 37). Si supieran cuánto se necesita dar testimonio de esto, que puede enriquecer a muchos con una riqueza verdaderamente urgente, mejorando la desesperación y la soledad.

Para resumir todo esto, recordemos la última de las obras de misericordia espiritual, según el antiguo listado del Catecismo: pedir a Dios por vivos y muertos. La oración es el primer apostolado y el primer ministerio de la Iglesia, porque solo la oración puede obtener para todos los hombres el don del Espíritu Santo que se revela y nos atrae suave e invenciblemente a Jesucristo, el único rico que puede saciar nuestra pobreza.

El quinto don del Sagrado Corazón

Hoy queremos meditar sobre aquello que nos cuesta mucho trabajo considerar un don: nuestra debilidad.

Con este término entiendo toda inferioridad que nos aflige: inferioridades físicas, como una enfermedad con la cual tenemos que lidiar cotidianamente, con más razón si es invalidante o mortificante; psicológicas, como la timidez, considerarnos feos, el sentimiento de inferioridad respecto a los demás que podemos tener por cualquier motivo razonable (por no haber estudiado tanto como los demás, por no saber hablar o por sentir de cualquier modo que «valemos menos»), e incluso inferioridades morales, que son nuestros pecados, la experiencia humillante de no ser santos como quisiéramos, el arrastrar pesos de los cuales quisiéramos ser liberados no tanto por nosotros mismos, sino para no ofender a Dios (por ejemplo: el peso de la fácil predisposición a la ira, a la murmuración, a la sensualidad).

Es muy interesante observar que el mismo san Pablo pide insistentemente ser liberado de su «espina en la carne»: no sabemos cuál es, pero es seguramente una debilidad que lo mortificaba y le testificaba que no era apto para amar y servir plenamente al Señor. La respuesta del mismo Jesús es conocida: «con mi gracia tienes; la fuerza se ejerce plenamente en la debilidad» (2Cor 12,9).

Jesús no interviene convirtiéndonos en súper hombres, ni tampoco transformando nuestro carácter o dándonos lo que no tenemos: por el contrario, es importante entender que él desea que tengamos compasión de nosotros mismos, así como él tiene compasión de nosotros. Dejándonos débiles, nos muestra claramente, hasta hacérnoslo sentir íntimamente, que en verdad «no hemos sido nosotros los primeros en amar a Dios, sino que es Él quien nos amó primero» (cf 1Jn 4,10.19). De este modo desenmascara la pretensión del fariseo, de ese fariseo que existe en nosotros, que le daba las gracias a Dios por no ser como los demás: él no desea humillarnos, es decir, desalentarnos, sino hacernos humildes, mostrándonos simplemente su amor gratuito que nos libera del miedo de no ser lo que deberíamos y colmándonos de confianza y confidencia sin límites. En otras palabras, nos muestra que nos ha acogido tal y como somos, para que también nosotros podamos acoger a los demás tal y como son. En resumen, nos muestra su misericordia: «porque Dios ha encerrado a todos en la rebeldía para compadecerse de todos» (Rom 11,32). Por tanto, aprendemos a gloriarnos de Jesús, del amor de su Corazón, y no de nosotros mismos, de nuestros méritos o nuestras virtudes.

Al mismo tiempo, realmente su gracia en nosotros no es inútil. Aprenderemos de la vida misma cómo el propio Jesús actúa por medio de nosotros, que aun si justamente nos percibimos tan inferiores a nuestra vocación y a nuestro ministerio, hace de nosotros instrumentos eficaces. Por tanto, aprendamos a valorizar este abundantísimo tesoro de nuestra debilidad, no queriendo quitárnosla de encima, sino cargándola con Jesús, como nuestra cruz. De hecho, muchas cruces son simplemente para cargarlas, y quizá nunca nos liberaremos de ellas; pero esta es precisamente la primera llamada del siervo de Cristo, la de cargar la propia cruz y seguirlo con esta y no sin esta. Así aprendemos a ofrecer nuestros sufrimientos: físicos, espirituales y morales. Lo decimos expresamente en la oferta diaria al Corazón de Jesús: si tienes pecados, ofréceselos a su misericordia; si tienes frustraciones o angustias, ofréceselas a su fuerza que sostiene; si tienes sufrimientos, llévalos en tu cuerpo junto a Jesús, entrando en su Pasión. Y experimentarás que «también nosotros somos débiles en él; pero estaremos vivos con él, por el poder de Dios» (2Cor 13,4). Todos somos débiles: es importante aprender a ser débiles en él.

El sexto don del Sagrado Corazón

En este sexto encuentro con el Corazón de Cristo queremos recordar otro don: el Espíritu Santo. Todo el evangelio de Juan nos presenta al Espíritu como don del Hijo: quizá el vértice de todo esto es el momento de la misma muerte de Jesús, cuando el Salvador «expiró» (Jn 19,30). Este «expiró» no significa simplemente «murió», en el mismo sentido con el cual afirmamos que alguien ha, precisamente, expirado. Tiene un significado mucho más relevante, que podemos ver en la versión latina *«emisit spiritum»*, que proviene del texto griego que, traduciéndolo literalmente, dice: «entregó el Espíritu» *(parédoke tò pnéuma)*. El Espíritu nos es dado por la Pasión de Jesús. En su muerte, la muerte violenta que él voluntariamente aceptó, es decir, al dejarse matar por nosotros, o ser sacado de nuestra vida, en su costado traspasado, él acoge la lanza de todos nuestros pecados; acogiendo en sí mismo este golpe, extingue el odio con el cual fue herido y asesinado, o sea, como decimos en lenguaje teológico, reconcilió a los hombres con Dios. Ese golpe de lanza que en un primer momento indica los golpes infligidos a él por todos nuestros pecados, se convierte, por la voluntad del Padre, en la llave que abre la divina misericordia: «brotando inmediatamente sangre y agua» (Jn 19,34). Dios podía haber abierto su corazón por las obras santas de los pocos justos excepcionales, pero entonces ¿quién se habría salvado? Su omnipotencia, su misericordia y, quisiera decir, su fantasía han elegido lo que todos tenemos en común, el pecado, para hacer de esto el medio para abrir su Corazón.

Y de ahí emana el Espíritu. El Espíritu que se derrama de la cruz evoca al Espíritu que, al inicio de la creación, se cernía sobre las aguas (cf Gén 1,1). En efecto, es la nueva creación que se cumple con la muerte de Cristo. El Espíritu desciende al mundo para atraerlo a Jesús, para mover la historia hacia él; la grande, de los pueblos y de las naciones, y la pequeña, de los hombres y de cada uno de nosotros. «Y cuando yo sea levantado de la tierra, atraeré a todos hacia mí» (Jn 12,32). De esta forma el Espíritu envuelve todo, porque del Espíritu del

Señor está lleno el universo: no solo en la Iglesia, hay también fuera, para atraer todo hacia Jesús, para que todos tengan la vida en él.

El Espíritu nos enseñará todas las cosas, y nos recordará todo lo que él ha dicho (cf Jn 14,26): nos lo recuerda no solamente a nivel puramente intelectual, sino en el corazón, guiándolo, como al de los discípulos de Emaús, mientras partimos el pan y se nos revela el sentido de las Escrituras, o sea, se quita el velo de nuestro corazón que nos impedía escuchar la palabra de Dios como Palabra viva dirigida a nosotros. Además, el Espíritu nos transmite la vida misma de Jesús, como si nosotros viviéramos respirando su mismo aire, su mismo oxígeno: el Espíritu de Jesús en nosotros nos vuelve capaces de elegir y desear para nosotros lo que Jesús eligió y deseó para sí mismo. Si fuera posible expresarlo así, el Espíritu reproduce en nosotros a Cristo mismo. «*Christianus alter Christus*», decían los antiguos: el cristiano es otro Cristo. Y así, quien vive del Espíritu de Jesús vive como él, siendo similar a él, participando de su vida misma. Ama como ama Jesús, sirve como sirve Jesús, ofrece como ofrece Jesús: ¿y qué ofrecerá? No pequeñas o grandes obras, sino a sí mismo, para el Reino, viviendo, clérigo o laico, hombre o mujer, joven o viejo, simplemente como él vivió, particularmente aprendiendo de él, manso y humilde de corazón (Mt 11,29).

El séptimo don del Sagrado Corazón

El séptimo don del Sagrado Corazón es la Iglesia. Ciertamente, la Iglesia no es la simple suma de los bautizados, el grupo formado por todos. Ni tampoco resulta de un cálculo aritmético de los bautizados; ni siquiera es una sociedad de perfectos, como si hubiera una «verdadera» Iglesia de personas «espirituales» y otra «falsa», de creyentes solo de palabra, o bien si existiera una Iglesia-institución contrapuesta a una Iglesia-pueblo; ni tampoco es un grupo de personas que elegimos, en base a un común denominador de particular afinidad, espiritualidad o modo de pensar, como podría ser, en tal caso, una orden religiosa. Más bien, la Iglesia es el ámbito en el cual podemos revivir exactamente las mismas experiencias que nos narran los evangelios.

Me explico: por ejemplo, en la Iglesia se nos da el perdón de nuestros pecados, a través del bautismo y de la penitencia. En esos momentos, revivimos exactamente lo que nos describen las Escrituras, el perdón de la adúltera o el bautizo de los primeros cristianos como lo narran los Hechos de los apóstoles. Efectivamente en la persona del sacerdote o en la administración del bautismo es Cristo quien actúa realmente, y quien realiza el significado de esas palabras que se nos dirigen: «yo te absuelvo» o «yo te bautizo». Del mismo modo cuando participamos en la Eucaristía, no existe la mínima diferencia, en cuanto a la sustancia, entre la Misa celebrada por el Papa en San Pedro y la celebrada por el último sacerdote en la última capilla de este mundo, ni entre estas Misas y aquellas celebradas por los apóstoles, y, en el fondo, ni con aquellas celebradas por Cristo mismo con la ofrenda de su Cuerpo y de su Sangre en la Pasión y Resurrección, que anticipó en la Última Cena.

Podríamos decir que, la Iglesia es el «ahora» de Jesús que se hace presente continuamente en nosotros, que hace que su eternidad sea siempre y en todas partes contemporánea para nosotros. Y esto sucede no solo en la celebración de los sacramentos, como podrían hacer pensar los ejemplos dados hasta ahora. En efecto, cuando nos acercamos o re-acercamos a la fe, ¿esto no sucede por medio de la predicación, con las palabras o los hechos, de un siervo de Jesucristo, sea un laico o un sacerdote? ¿Y esto no renueva la experiencia primitiva de la Iglesia de los orígenes? Y cuando nosotros, acercándonos a este vientre que nos regenera auténticamente como hijos de Dios, decidimos «hacer algo», o sea ponernos a nosotros mismos a disposición de la comunidad, en los diversos ministerios o servicios que podemos desempeñar, ¿no se renueva quizá la primera experiencia de los cristianos, que ponían a disposición sus propias sustancias, recíprocamente, los unos de los otros?

Entonces, vemos como la Iglesia, para ser entendida en su misterio teológico, no debe y no puede ser entendida solo «desde abajo», sino esencialmente «desde arriba», es decir como la «inventó» Jesucristo mismo: de tal forma que el papado, o el sacerdocio, no son una simple repartición de tareas a la usanza de los hombres, para quienes debe existir uno que manda, al que los demás obedecen, sino que tiene sus raíces en cómo la quiso Jesús. Esto no significa que necesariamente todo lo que la Iglesia, o con mayor precisión los hombres de la Iglesia, dicen o hacen sea infalible, ni tampoco que las estructuras históricas que conocemos respondan plena o necesariamente a la voluntad de Cristo. Muchas cosas en la Iglesia son de origen humano, y como tal caducas o pasajeras: lo que no pasa es su Palabra, que siempre continuará resonando entre los suyos, y la estupenda señal de su presencia, la Eucaristía, que permanecerá siempre, amado o no amado, entendido o no entendido, entre nosotros, hasta el fin del mundo.

El octavo don del Sagrado Corazón

En este octavo mes queremos contemplar otro don del Corazón de Cristo: María. Nos dejamos guiar una vez más por el evangelio de san Juan: «Mirando Jesús a su madre ahí presente y al discípulo a quien él tanto amaba, dijo a su madre: "Mujer, ese es tu hijo". Luego dijo al discípulo: "Esa es tu madre", y desde aquel momento el discípulo se hizo cargo de ella» (Jn 19,26-27).

En todo esto no se nota únicamente la premura del hijo por su madre, para que no se quede abandonada, sino que existe mucho más que esto. Estamos en la «hora» por excelencia, aquella por la cual Jesús nació y vivió, en vista de la cual todo se realizó. El «discípulo que él amaba», como se nota, no puede ser identificado con precisión, por mucho que la tradición lo identifique con el propio Juan: sino que precisamente esto nos dice que no es *un* discípulo, sino *el* discípulo, por tanto todos y cada uno de nosotros. El término «mujer» señala a la primera mujer, a la mismísima Eva: allí había un árbol; un hombre, Adán, y una mujer, Eva; y aquí el nuevo hombre, Cristo; la nueva mujer, María, y el nuevo árbol, la cruz.

María es la mujer porque regenera: aquella que nos ha dado a través de su consentimiento a Dios, a aquel que es la vida, bien podemos decir que es aquella que nos ha dado la vida, puesto que la vida misma quiso venir a nosotros por medio de ella.

Así María es madre de la vida de la cual todos vivimos, de tal modo que es para nosotros más madre que nuestra propia madre según la carne.

Un intercambio «tómala a ella, tómalo a él». Jesús nos «cede el lugar»: María ya no es solo la madre de Jesús, lo es de todos nosotros. María es madre de la Cabeza, y por esto es madre del cuerpo unido a la cabeza; María es madre de la vid y de los sarmientos en ella injertados. El hombre Jesús ya no está como un bebé en los brazos de su madre; por el contrario, y en su lugar, nosotros lo estamos, aún como bebés porque todavía no hemos alcanzado la madurez plena de Cristo, estamos entre los brazos de su ternura. Ella *ya* nos recibió y *ya* nos acogió, obedeciendo la orden de su Hijo. Podemos decir de María lo que decimos de Dios, o sea que «nos amó primero»: y en efecto la que es más conforme a Cristo en todo lo que vivió y eligió es también la más conforme al Padre, porque quien es como el Hijo es como el Padre.

Ahora nos toca a nosotros recibirla, acogerla en nuestra casa. Porque ella *ya* nos recibió en la suya, que es su corazón.

Los Hechos de los apóstoles narran así la historia de la primera comunidad cristiana. Se reunían, oraban asiduamente, partían el pan, «acompañados de algunas mujeres, de María, la madre de Jesús» (He 1,14). Imaginemos a María que ve a Pedro, o a los apóstoles, partir el pan, es decir, celebrar la Misa. No podía no recordar la traición de aquellos hombres, los días angustiantes de la Pasión; pero los veía, como ellos eran, perdonados y acogidos por su Hijo. ¿Qué habrá pensado?

«Estos son mis hijos, los que mi hijo me dio». Imagino: no hijos ideales, sino muy por debajo; no hombres valientes o ejemplares, sino hombres y mujeres reales, con su propia carga de contradicciones y de opacidad, de potencialidades y de grandezas, siempre mezcladas inextricablemente. Pero nos ama: porque María es la Madre de la Iglesia.

El noveno don del Sagrado Corazón

El último don del Sagrado Corazón que queremos considerar en este camino de nueve etapas es el Don por excelencia: él mismo, en el santísimo sacramento.

Aquí el don y el donante son la misma cosa: por esto nada es más grande que este inmenso don, pues, aunque todos los otros dones sean enormes y sublimes, no son Jesús mismo, no se identifican con él, mientras que la Eucaristía es él. No es una reliquia inanimada, no es un recuerdo de un pasado lejano, ni tampoco es una reunión entre nosotros: es él quien nos reúne en torno a sí para derramar sobre nosotros los beneficios de la redención. Podemos comparar la Misa con una estupenda «máquina del tiempo»: cada vez que la Iglesia se reúne (aunque en realidad no es ella quien nos reúne «por sí sola», sino que es reunida por él) por la virtud del Espíritu Santo nosotros estamos presentes en el misterio de su muerte y Resurrección. No se trata, como a veces se dice erróneamente, de que se renueve el sacrificio del calvario como si Jesús volviera a padecer, sino que más bien su sacrificio es renovado, es decir, hecho nuevo, tantas veces como nosotros lo conmemoramos: de esta forma tenemos un medio maravilloso de rehacernos presentes ante él, y no solo en su muerte, sino también en su Resurrección.

Lo que significa que esa agua y esa sangre broten de su costado traspasado es que el don del Espíritu y la sangre de la nueva y eterna alianza brotan de nuevo, *en ese preciso momento,* para mí. Y así se cumple lo que estaba significado en la inmolación del cordero pascual: pasamos no las aguas del Mar Rojo, sino que traspasamos las aguas traidoras del pecado y de la muerte para seguir a Jesús, nuevo Moisés que nos guía a la Tierra Prometida. La Tierra Prometida es su Reino, y el camino para llegar a él son las beatitudes de la mansedumbre, de la misericordia, del hambre y de la sed de justicia, del perdón y de la pureza de corazón.

Bien podemos decir que cada vez que un fiel se acerca a la Eucaristía sale del Egipto del pecado, deja los falsos profetas, los engaños y las ilusiones del mundo para seguir a aquel que es la verdad misma, recibe la vida que devora y destruye los espacios de muerte, esas sombras que se acumulan en el corazón y contaminan nuestra existencia, sometiéndola con sus aguas negras.

En resumen, cada vez que uno se acerca a la comunión le son perdonados sus pecados, aumentadas las fuerzas sobrenaturales para resistir al mal, le es donado el Espíritu Santo para ser continuamente plasmado y replasmado a imagen de Cristo mismo. He aquí por qué es bueno recibir con frecuencia y con profunda gratitud este inmenso regalo: lo necesitamos todos los días, porque todos los días las aguas del pecado parecen sumergirnos continuamente y nos amenazan, todos los días el mundo intenta erosionar nuestra fe, la esperanza y el amor, todos los días nos cansamos inmensamente y tenemos necesidad de reposar.

La Eucaristía no es «el pan de los fuertes» en el sentido de que solo los fuertes pueden recibirlo, sino en el sentido de que los débiles, como todos nosotros, somos invitados a la mesa del Cordero manso y misericordioso para volvernos (o revolvernos) fuertes; es el pan de los santos, no en el sentido de que solo los santos pueden recibirlo (si así fuera, ¿quién podría?), sino en el sentido de que los pecadores arrepentidos y llenos de confianza que se le acercan son abrazados por los propios brazos de Jesús, como la oveja perdida del buen pastor, el hijo pródigo del Padre misericordioso, y soportados, sanados, acariciados, guiados, sostenidos.

Todo esto «para que podamos por nuestra parte consolar a los que sufren toda clase de angustias, por la consolación que de Dios hemos recibido nosotros» (2Cor 1,4).

La Hora Santa

Tradicionalmente se conoce con este nombre una clásica expresión de la devoción al Corazón de Jesús, que se inspira en las palabras mismas del Señor: «Mi alma está llena de mortal tristeza. Quedaos aquí y no os durmáis» (Mc 14,34). Así recordamos todos los jueves por la noche la oración llena de dolor y de amor con la cual Cristo acepta amorosamente la voluntad del Padre, «aprendió con los sufrimientos lo que es la obediencia» (Heb 5, 8), cargó con nuestros sufrimientos, se echó encima nuestros dolores y fue aplastado por nuestras iniquidades (cf Is 53,4-5). Él es realmente el sumo sacerdote que intercede por sus hermanos, santo, inocente, sin mancha, que se ofreció a sí mismo (cf Heb 7,26-27). En él, postrado en tierra en el Getsemaní, se hace real la expresión del salmo que dice: «yo vestía cilicio cuando ellos se enfermaban, afligía con ayuno mi cuerpo, y en mi corazón pedía por ellos. Andaba triste, como por amigo o hermano; cabizbajo y triste como llorando a mi madre» (Sal 35,13-14). Él hacía oración por nosotros enfermos, y en su Corazón, en su pecho, en el huerto de los Olivos retumbaba la oración que llegaba al Padre por nosotros, mientras veía todas las traiciones y las infidelidades de los suyos que se iban a cumplir a lo largo de la historia.

Él que nos ha llamado «amigos» (cf Jn 15,14) y «hermanos», que habríamos sido para él también madre, si hubiéramos cumplido la voluntad del Padre (cf Mc 3,34), se angustió por nosotros como nosotros por nuestros amigos, hermanos y madre, en sus enfermedades.

Realmente en esa hora «quien no conoció el pecado, Dios lo trató como pecado a favor nuestro» (2Cor 5,21); en otros términos, vivió en sí mismo la separación y la lejanía de Dios, como el último de los pecadores, de los condenados, padeciendo él mismo en nuestro lugar, para que nadie pudiera decir que no fue amado hasta ese punto. Y así se cumple la Palabra del salmo: «si subo a los cielos, ahí estas, si bajo a acostarme donde los muertos yacen, también ahí estas tú» (Sal 139,8). Jesús vivió en el infierno, no solo descendiendo a la morada de los muertos en el misterio del Sábado Santo, sino también habitando en la morada de aquellos que están muertos en el espíritu aun si están vivos en la carne, es decir, los pecadores, padeciendo su misma condena, viviendo sus mismas situaciones de infinita lejanía de Dios, su infinito dolor: para que quien fuera, incluso el último de los pecadores, pudiera decir que él se le acercó «hasta el fin» (Jn 12,1), es decir, hasta el punto en que estaba.

Siempre me ha impresionado mucho una palabra de Jesús, a este respecto, dirigida a santa Margarita María y que ella anotó, la cual nosotros debemos leer según las categorías y el lenguaje de sus tiempos. Y que también, una vez que es bien entendida, contiene la confirmación de lo que hemos dicho con anterioridad: «Aquí sufrí más que en todo el resto de mi Pasión viéndome abandonado del cielo y de la tierra, cargado de todos los pecados de la humanidad. Estaba frente a la santidad de Dios que, sin importar mi inocencia, en su furia me aplastó; me hizo beber el cáliz, que contenía toda la hiel y la amargura de su justa indignación, como *si hubiera olvidado el nombre de Padre* [...]. Nadie en el mundo puede comprender la intensidad de los dolores que entonces sufrí. Es el mismo dolor que siente el alma en pecado, cuando se presenta ante el tribunal de la santidad divina, la cual se hace pesada sobre esta [...] y la hunde en el abismo de su justo rigor». Realmente «Dios no escatimó a su propio hijo, sino que lo dio por todos nosotros» (cf Rom 8,32).

Esencialmente se trata de meditar o contemplar durante una hora entera y continua la Pasión del Señor, con el deseo de ofrecerle amor y reparación por nuestras infidelidades y traiciones, y en particular por aquellas de las almas consagradas a él de modo especial. No existe un «sistema» en particular: se puede leer o meditar la narración de la Pasión de uno de los evangelios –en su totalidad o en parte–, o rezar con los misterios dolorosos, o rezar el Viacrucis, o también estar en silencio y derramar nuestro propio corazón ante él. Cada quien reza como mejor le acomode: yo propongo, especialmente para aquellos que se están iniciando, detenerse en la narración de la agonía en el Getsemaní, o en un fragmento de la Pasión; después de haberlo leído y releído algunas veces, simplemente nos preguntamos qué dice el texto y qué me dice el texto, qué me dice a mí, a mi vida; dejémonos tocar por la Palabra, y al final, cuando nos venga espontáneo, nosotros le diremos algo al Señor que viene a nuestro encuentro. O bien, tratemos de imaginar la escena que hemos leído, entremos en ella, imaginándonos dentro, y tengamos un coloquio con las personas ahí presentes, según sea nuestra inspiración, espontánea y libremente.

En cuanto a la posición del cuerpo, elijamos la que más nos ayude, incluso cambiándola: de pie, arrodillados, sentados o postrados, como sintamos que nos sea más útil. Y permanezcamos en esa posición hasta que hayamos obtenido provecho.

Está claro que una oración así siempre es del agrado de Jesús, sin especificación del día o de los tiempos: pero también es cierto que el jueves por la noche que trata, precisamente, es el del recuerdo exacto de ese jueves por la noche, de esa hora en la cual parecía victorioso el poder de las tinieblas. Velar además tiene un significado importante: se vela de noche, y la noche no es solamente la oscuridad exterior, sino también la interior. Aprendemos a iluminar la noche con la oración, nuestra noche personal, la del mundo, y quizá la noche de la Iglesia. Además, es a medianoche cuando llega el esposo, y corremos a recibirlo (cf Mt 25,6): el corazón de Cristo, sobre el cual el discípulo predilecto apoya la cabeza, es el corazón o pecho del esposo, al cual la esposa le dice, en la intimidad del amor: «Ponme sobre tu corazón como un sello, como un sello sobre tu brazo; porque más fuerte es el amor que la muerte» (Cant 8,6).

Naturalmente no es necesario quedarse en la Iglesia para hacer todo esto, aun si es verdad que rezar frente al sacramento es hacerlo de modo diferente: pero no se trata necesariamente de salir de casa, y quizá es precisamente la ocasión para entrar en el silencio de la propia habitación y de orar en secreto. En esta hora cada uno de nosotros, y especialmente los sacerdotes, encontrará un manantial inagotable de gracia, de consolación y confortación personal, de intercesión de unos por otros, de fecundidad apostólica en el propio ministerio.

Es una verdadera «escuela del Sagrado Corazón», porque en el fondo esta espiritualidad no se enseña y no se aprende en los libros, sino que es Jesús mismo quien la revela a cada uno según la propia gracia. A mi parecer es el mejor medio para conocer un verdadero conocimiento, no literario sino vivencial, no «de oídas», sino por haber «visto y tocado» el corazón mismo de Jesús, que se muestra a quien lo busca.

Alma de Cristo

Ritmo para agradecer a la Eucaristía (nueva versión, a semejanza de la versión tradicional):

Sabiduría de Cristo, transfórmame.
Compasión de Cristo, instrúyeme.
Valentía de Cristo, refuérzame.
Humildad de Cristo, pacifícame.
Libertad de Cristo, libérame.
Paz de Cristo, imprégname.
Rostro de Cristo, ilumíname.
Cruz de Cristo, sálvame.
Espíritu de Cristo, santifícame.
Muerte de Cristo, enciérrame.
Vida de Cristo, lléname.
Madre de Cristo, ámame.
Juicio de Cristo, justifícame.
Gozo de Cristo, acógeme.

Letanías del Sagrado Corazón

(primer esquema)

Señor, ten piedad.

Cristo, ten piedad.

Señor, ten piedad.

Cristo, óyenos.

Cristo, escúchanos.

Dios Padre, Creador nuestro, *ten piedad de nosotros.*
(Se repite en cada invocación)

Dios Hijo, Redentor nuestro.

Dios Espíritu Santo, Santificador nuestro.

Santísima Trinidad, único Dios.

Corazón de Jesús, hijo del Dios vivo.

Corazón de Jesús, imagen del Padre.

Corazón de Jesús, impronta de la divina sustancia.

Corazón de Jesús, plenitud del Verbo subsistente.

Corazón de Jesús, fuente viva del Espíritu Santo.

Corazón de Jesús, que nos has amado primero.

Corazón de Jesús, que nos has amado hasta el fin.

Corazón de Jesús, que te has ofrecido a ti mismo
   por nosotros.

Corazón de Jesús, lavado místico.

Corazón de Jesús, pan vivo.

Corazón de Jesús, cáliz de júbilo.

Corazón de Jesús, aceite de sanación.

Corazón de Jesús, presente y actuante
en los santos misterios.

Corazón de Jesús, luz y fundamento divino de tu Iglesia.

Corazón de Jesús, sumo y eterno sacerdote.

Corazón de Jesús, nuestro amigo real y perfecto.

Corazón de Jesús, buen pastor.

Corazón de Jesús, camino, verdad y vida.

Corazón de Jesús, puerta siempre abierta.

Corazón de Jesús, confianza indestructible.

Corazón de Jesús, misericordia para
distantes y cercanos.

Corazón de Jesús, ayuda de los pobres.

Corazón de Jesús, consolación de los miserables.

Corazón de Jesús, riqueza infinita.

Corazón de Jesús, auténtica sabiduría.

Corazón de Jesús, bendición desbordante.

Corazón de Jesús, gloria y honor de los pecadores.

Corazón de Jesús, apoyo de los débiles.

Corazón de Jesús, manantial infinito de compasión.

Corazón de Jesús, cantado por los ángeles.

Corazón de Jesús, preanunciado por los profetas.

Corazón de Jesús, anunciado por los evangelistas.

Corazón de Jesús, fuerza de los mártires.

Corazón de Jesús, sabiduría de los doctores.

Corazón de Jesús, orgullo de los sacerdotes.

Corazón de Jesús, pureza de las vírgenes.

Corazón de Jesús, corona de todos los santos.

Cordero de Dios que quitas el pecado del mundo,
perdónanos Señor.
Cordero de Dios que quitas el pecado del mundo,
óyenos Señor.
Cordero de Dios que quitas el pecado del mundo,
ten piedad de nosotros.

Jesús, manso y humilde de corazón,
haz nuestro corazón semejante al tuyo.

Letanías del Sagrado Corazón
(segundo esquema)

Señor, ten piedad.

Cristo, ten piedad.

Señor, ten piedad.

Cristo, óyenos.

Cristo, escúchanos.

Dios Padre, Creador nuestro,   *ten piedad de nosotros.*
(Se repite en cada invocación)
Dios Hijo, Redentor nuestro.
Dios Espíritu, Santificador nuestro.
Santísima Trinidad, único Dios.
Corazón de Jesús, manifestado en el tiempo.
Corazón de Jesús, culmen de la Revelación.
Corazón de Jesús, centro y fin de las Escrituras.
Corazón de Jesús, artífice de la Redención humana.
Corazón de Jesús, plenitud de todos los dones.
Corazón de Jesús, venido al mundo.
Corazón de Jesús, desestimado por todos.

Corazón de Jesús, rechazado por los hombres.

Corazón de Jesús, traicionado por tus amigos.

Corazón de Jesús, que te dejas abandonar.

Corazón de Jesús, que te dejas humillar por nosotros.

Corazón de Jesús, que te dejas herir por nosotros.

Corazón de Jesús, que acoges en ti nuestro rechazo.

Corazón de Jesús, que extingues en ti nuestro odio.

Corazón de Jesús, hecho pecado por nosotros.

Corazón de Jesús, que por nosotros conociste
un sufrimiento ilimitado.

Corazón de Jesús, amor tan grande como tu dolor.

Corazón de Jesús, que nos reconcilias con el Padre.

Corazón de Jesús, que has perdonado todos
nuestros pecados.

Corazón de Jesús, que haces brotar la sangre
y el agua vivas.

Corazón de Jesús, que donde llegan tus aguas sanan.

Corazón de Jesús, cuyo Espíritu revivifica.

Corazón de Jesús, Cordero inmolado.

Corazón de Jesús, centro de la historia.

Corazón de Jesús, adorado por toda la creación.

Corazón de Jesús, cantado por todos los santos.

Corazón de Jesús, exaltado por los ángeles.

Corazón de Jesús, vivo permanentemente
entre los tuyos.

Corazón de Jesús, victorioso por siempre
sobre todo mal.
Corazón de Jesús, intercesor nuestro ante el Padre.
Corazón de Jesús, alegría nuestra que nada nos quita.
Corazón de Jesús, esperanza nuestra de quien
nada nos separa.
Corazón de Jesús, justicia nuestra.
Corazón de Jesús, santificación y redención nuestra.
Corazón de Jesús, nuestro premio ahora
y en la eternidad.

Cordero de Dios que quitas el pecado del mundo,
perdónanos Señor.
Cordero de Dios que quitas el pecado del mundo,
óyenos Señor.
Cordero de Dios que quitas el pecado del mundo,
ten piedad de nosotros.

Jesús, manso y humilde de corazón,
haz nuestro corazón semejante al tuyo.

Oremos

Oh Padre, que en el Corazón de tu amadísimo Hijo nos das la gloria de celebrar las grandes obras de su amor por nosotros, haz que de esta fuente inagotable obtengamos la abundancia de sus dones.

Por Cristo nuestro Señor.

O bien:

Oh Dios, fuente de todo bien, que en el Corazón de tu Hijo nos has abierto los tesoros infinitos de tu amor, haz que ofreciéndole el homenaje de nuestra fe, cumplamos también con el deber de una justa reparación.

Por Cristo nuestro Señor.

O bien:

Dios nuestro Padre, concédenos a tus fieles revestirnos de las virtudes y de los sentimientos del Corazón de Cristo tu Hijo, para que, transformados a imagen suya, nos hagamos participes de la redención eterna.

Por Cristo nuestro Señor.

Índice